政策の分析過程と財務情報

宮脇　淳

地方自治土曜講座ブックレットNo.62

はじめに

高まる地域間対立・世代間緊張

ただ今ご紹介にあずかりました北海道大学の宮脇です。よろしくお願いします。

今日のテーマである「機能重視型政策の分析過程と財政情報」を設定いたしましてから二か月ぐらい経ちます。この間、ご承知のように衆議院選挙がありました。この衆議院選挙の結果が、北海道あるいは地方分権の行動に対して極めて大きなエネルギーを与える要因となると思います。そのことが北海道にとっていかなる影響を与えるかを、冒頭に整理しておかなくてはならないと思います。

今回の衆議院選挙の結果で、明らかに生じているのが地域間対立関係の高まりです。大都市部と地方の地域間対立関係が際立ってきている。衆議院選挙が終わってわずか一週間で、すでに政府自民党あるいは中央省庁の中で、地域間対立の問題を今後どのように克服し改善していくかという議論が非常に高まってきているということでおわかりいただけると思います。もう一つは、世代間の対立の高まりです。

前者の地域間の対立関係は、すでに選挙の前に東京都の石原知事が外形標準課税という議論をした時から徐々に高まってきている。

石原都知事が外形標準課税を銀行に対して導入した直後は、「税制として金融業界という特定の業界に課税措置をしていいのか」という議論が中心でした。しかし、あの外形標準課税が投げかけたもう一つの課題は、国と地方の政策は必ずしも一致しないんだという大きな論点です。すなわち、当時国は金融システムの安定を最優先課題としていたのに対して、石原都知事は、東京都の財政ぐりが苦しいので、財政再建の方が優先順位が高いんだということを意思表示したということになります。

動き出した地方交付税・地方債制度の見直し議論

このことが次のステップで何をもたらすかの問題ですが、これは地方交付税制度、地方債制度を見直すという点に結び付く可能性がある。

ご承知のように、地方債制度では最近まで、自治体が地方債を発行しようと思えば許可を得なければいけない制度になっていました。なぜ国が許可をしていたのかということの論理立てを考えてみますと、一つはもちろん財政的な面で国が中心となって、地方が借金するためにはその資金調達を国が保証しましょうとする要因がありました。しかし保証人になるもう一つの理由があった。それは国の政策と地方の政策の優先順位は同じなんだという前提があるということです。従って今回の石原都知事が投げ掛けた問題は、国の政策の優先順位と地方の優先順位はかならずしも一致しないという構図です。これは、地方分権の流れの中ではむしろ当然の面をもっている。当然地方債の制度も見直す要因となりますし、国を通じた交付税の配分制度というのも見直す要因となる。そういう流れを生み出してきています。

このことは「国と地方の関係」ということで整理をすることができるわけですが、今回の衆議院選挙の結果で出てきた新しいエネルギーというのは地方間の緊張関係が高まってきたということにあります。

地方分権といいますと、国と地方の関係で論じることが多いわけですが、地方分権というのは、各地域毎に自主性を持っていきましょうということですから、当然地域間においての考え方の違いが今まで以上に鮮明になってくる。そうしますと今回起こってきたように、「なぜ東京の財源を他の地域に再配分するんですか」といった問題提起のもとで交付税制度を見直しましょうといった主張が高まってくることになってきます。

ですから今まで行われてきた「国と地方の関係」を考えるだけでなく、「地方と地方の関係」を考えるという財政の仕組みの中の重要な課題が浮き彫りにされてきたということが言えます。

特に、今回の石原都知事は外形標準課税の導入時の戦略として、「東京都民」対「金融業界」という論戦をはったわけです。「都民」対「銀行」という問題提起の仕方をして議論を展開している。

今後こういった戦略が展開されますと、例えば北海道においては北海道民から東京都民に対して「なぜ財源配分が必要なのか」を直接説明する必要性に迫られる可能性があります。

もちろん、税制上の問題もあって根っこの問題を解決していかなければならないということは当然ある。しかしそういった議論をするに当たっても、都市部住民に対しての説明を実質上行わなければいけない。

今までは、政府に対して説明して、お願いをする形で財源配分が受けられる構造であった。しかし、これからはそれだけではなかなか話が進まない。今申し上げたような構造の中で直接、所得の出し手である東京都住民等に対して説明をしていく必要が生まれてくる。

東京都という地方自治体が税制調査会を作って、地域差と所得再配分をどうするかという議論をするようになってきています。

そういう時に道、市町村、あるいはもっと広い目で見ますと道民全体がこのことに対して戦略をもって議論をしていける体力を作っていかなければいけなくなってきているということを非常に強く感じます。

もう一つは世代間対立が非常に激しくなっている。これは投票の結果を見ていただくとお分かりいただける。自民党に投票された方々のうち五十才代以上の方々の比率が特に高い。一方、民主党に入れた人の中で二十代から四十代の投票率が高い。そのように世代間の投票結果が、従来の選挙に比べますと非常に鮮明になったというのが今回の選挙の特色です。これは政策、財政というものに対する世代間の考え方を反映したものであると考えたい。

そういう世代間、地域間対立が今後十年間ぐらいで非常に際立ってくる。

議論が先鋭化することは、決していいことではないのですが、やはり北海道としてこういった議論に対して地域を主張できる体力を作っていかなければいけない。反論するべきところは反論するということが必要だと思います。

Ⅰ　ＮＰＭ理論とは何か

１　ＮＰＭ理論の背景

ＮＰＭというのはニュー・パブリック・マネージメントの略です。日本語では「新公共経営論」という訳語が付けられています。北海道庁、札幌市、あるいはその他の市町村においても取り組まれております「事業評価」、「政策評価」といわれるもの、あるいは「公会計の見直し」、「ＰＦ

Ｉの取り組み」もこのＮＰＭ理論の中で成長し、実践されてきたものです。

このニュー・パブリック・マネージメント理論は、一九八〇年代に主にヨーロッパを中心として成長した理論です。一九八〇年代は、欧米の工業先進国が現状の日本と同じように経済の成熟化を迎えると同時に、非常に巨額の財政赤字を抱えるという側面に対峙した時代です。経済が成長する中で福祉国家ということで財政がさまざまな政策に投入される時代が終わる側面を迎えた。終わるにあたって、次の国家像をどのように組み立てていくかという議論がされた。そういった議論と実践の中で育ってきたのがこのＮＰＭ理論です。

これは、主に行政現場から形成されてきたマネージメント理論です。ですから原理が形成され実践されたというよりは、先に行政現場での実践が行われて、それを基本的に修正する中で体系化されたのがＮＰＭ理論です。

ＮＰＭ理論を一口で表現すると民間部門の経営手法等を公的部門に導入して、効率性・有用性の実現を目指す取り組みといえます。

2　ＮＰＭ理論の基本思考

それではＮＰＭ理論が、基本的にどういう考えによって展開されたのかを整理したいと思います。

八〇年代の欧米諸国は今の日本と同じで、巨額の財政赤字を抱えていた。その中で行政の在り方も見直していかなくてはいけない。その時に、財政を始めとした地域資源の限界、住民ニーズの変化と多様化への対応といったことが大きな目標として掲げられるようになるわけです。

具体的には四つあります。①裁量権の拡大、②市場原理・競争原理の活用、③統制基準の見直し、④組織改革です。

以下でそれぞれの意味をご紹介させていただきます。

裁量権の拡大

下位の行政部局あるいは責任単位に対して可能な限り行政サービス提供方法等に関する裁量権を提供することです。もっと平たく言いますと、行政サービスを受ける住民に近いところにできるだけ裁量権を提供しましょうという考え方です。

その背景としては、行政サービスの受け手に近いところが住民ニーズを一番よく知っているということです。今日の日本の地方分権の取り組みも裁量権をできるだけ住民に近いところに提供していきましょうという大きな流れの中で整理をすることができると思います。

欧州ではこのＮＰＭ理論の中で地方分権というものが推進されている面がみうけられます。ただこの地方分権を含めました「裁量権の拡大」は、裁量権を拡大するだけではなくて、当然責任も同時に住民ニーズに近いところに負っていただきましょうという考え方をするわけです。

裁量権の提供だけですと、どうしても住民ニーズの方に引っ張られてしまって、財政とかを考えた運営は、非常に難しいことになってきます。従って裁量権を与えるばかりでなく、それに対する責任が問えるように環境を整備する考え方です。

地方分権でよく権限を地方自治体に提供する議論がされますが、これはいいと思います。しかし提供したことに対して自治体が責任がおえるような財政権や人事権が提供されているかというと、現状はそういう状況ではありません。従ってこの「裁量権の拡大」ということは「責任」の問題と対の問題であるということがいえます。

市場原理・競争原理の活用

最近行政などに対しても市場原理、競争原理を導入しなさいという議論はかなり多いと思います。その場合には、効率的競争的な仕組みを活用して、行政コストを削減しなさいという方向で議論をされることが多くあります。もちろん財政が非常に厳しい状況ですから無駄を省いていくことは必要なことです。しかし、このNPMの議論の中の「市場原理、競争原理の活用」というのは、大きく二つの目的があります。一つは、「公的部門に対する資源投入の多様化」という問題です。ここでいっている資源というのは「資金」、「人材」、「情報」ということです。

今までの日本における公的部門に対する資源投入は、非常に画一的であった。

例えば、「資金」ですが、財源を確保すべき税源の問題は国がほぼ画一的に決め、地方自治体は自由に税制度を設けることが事実上できない仕組みとなっていた。しかも、税は設けられないのだったら借金をしようとしても、地方債で借金を行うのであれば、国の許可を受ける制度となっている。このように地方に対して投入される資金は財政の流れにおいては国の規格により非常に画一的な性格を有していたということがいえると思います。

「人材」についてはどうでしょう。人材についても国家公務員法を軸にした公務員制度によって成り立っています。しかも、最近ではすこしづつ工夫がなされるようになりましたが、国家公務員試験、地方公務員試験制度の中で画一的な人材採用が行われてきた。そうすると公的部門に投入される人材の質が非常に限られているという状況を生み出します。

「情報」については申し上げるまでもなく、中央が情報をコントロールするという形で流れる。これまでの公的部門においての資源投入は非常に限られたツールのなかで投入が行われてきたということが言えます。

ただ、このことは日本だけの問題ではなく、ヨーロッパ等においても公務員制度は非常に画一的だったことは確かです。しかし経済が国際化する、あるいは少子化の中で人口が減っていくという局面を迎えて、公的部門に対しても多彩な「資金」、「人材」、あるいは非常に広範囲にわたる「情報」がいろいろなルートから入るようにしなければいけないという議論がされるようになりました。

今までは公的部門は財政資金に依存しているわけですが、民間資金を活用して公的な事業ができないか、あるいは、一度民間を経験した人が公務員となることができないのか、というようなことも議論がされるようになった。「市場原理、競争原理の活用」とは公的部門に対する資源投入の多様化を図るということが大きな目的になっているということです。

公的部門は今までは少なくとも収益を追及するものではないのだから、そこへ市場原理を導入するというのはおかしいという理論があります。確かに米国型の理論はそうです。というのは米国はもともと市場原理で基本が成り立っている国であって、市場原理の例外として公的部門というものが付随しているという考え方をしてます。

ヨーロッパではそうではなくて、行政の公的部門の中に市場原理を導入することによって、公的部門と民間部門が共存できるという考え方をとるわけです。これはなぜかといいますと、公的部門が主体となって社会の経済社会システムが形成されてきた混合経済としての歴史があるからです。

市場によって評価される地方債

いいわるいは別として、金融はこれからどんどん変わっていきます。皆さんもご承知のように、地方銀行協会は、今後は地方自治体からの地方債は引き受けません、制度を変えてくれと言っています。なぜそういう事が起こってくるのか。

今まで地方自治体が発行する地方債というのはほとんど市場性がない。銀行は市場性がない資産をもつ余力がもうなくなりましたということです。地方自治体にお金を貸して返してもらえないことはないだろう。しかし自分が必要になった時にすぐにお金が回収できない。そういう問題が起こってきているということです。

国債の場合はこれができるわけです。国にお金を貸す形で国債を買い、自分でお金が必要になった時はその国債を市場で売ればいいんです。市場に売れば市場からお金を回収することができる。ところが地方債には市場というのがほとんどありませんから市場に売って資金を回収することはできない。

相手にお金を貸した場合に資金を回収する方法は貸した相手から回収するだけではない。その債券を市場に売って回収するということがある。そうすれば自分が必要になった時にすぐに資金を調達できます。しかし、地方債は市場がないのでそれができない。であれば十年、あるいは五年といえどもお金を貸すことはできませんという主張が生まれてくる。

これは地方債に限ったことではありません。七〇年代までの国債もそういう状況だったんです。国債にも市場がなかった。どんどん借金を重ねていって、結局国の方は市場を形成しなければならなかった。そういう歴史をもっています。

地方債についてもそういう問題が出てきております。市場による地方債の評価が必要な段階を迎えています。具体的には地方自治体は必要な時にどれだけのお金を返す余力がありますかということを市場が評価をすることになります。

これから求められる市場への「説明能力」

ところが市場というのは間違いが必ず起こる。その間違えた時に、説明できる説明能力が市場との関係において不可欠となる。当然、説明は相手である市場のことが分かっていなければできない。単に「国、自治体がお金を返せなくなることはない」という説明にとどめたならば、市場はおそらくその自治体を信用しなくなる。ただ返せるか返せないかということ以上に、市場が投入した資金によってきちんとした政策が行われ、将来の返済が担保されているかどうかについて説明ができるかが、まず問われているのです。

その説明能力を持っていただかないといけない。そうしませんと市場が勝手に判断する。市場が勝手に判断するとそれに対して説明がつかない。そうすると市場が間違っていたとしても、その自治体なり国は財政のための資金調達ができない。できないということになってしまえば、その国や自治体は徹底して行政サービスを見直すか、自治体であれば合併をしていくかという話になってしまう。こうした実態に至らないために、自らの体に市場原理等をとり込んでおく必要がある。

国は交付税措置によって合併をできるだけ促進していこうと考えています。そういう流れの中で、ある自治体が大きな借金を抱えている、そうするとその借金を処理するためには他の自治体との間の広域化を図っていくしかないんだという考え方をとっている。ですからよく「行政は倒産しない」という。確かに財政再建団体になるということで破綻とか倒産という言葉遣いは正しくはないと思います。ただし、地域から従来の自治体がなくなるということは有り得るわけです。それは今回の金融システムの再編をごらんいただければ分かる。

赤字を抱えている自治体を交付税措置で穴埋めをして、新しい周辺の自治体と合併していくという構図です。

こういうことが本当に地方自治あるいは地域の自立ということから考えて、行われていいのかは十分考えなければいけない。しかし、そのことが良くないんだという議論だけではおそらくこの大きな流れに対して反論していくことはできない。

もちろん今の地方財政制度の中でいえば、最終的に交付税によって財政再建団体の赤字は担保されます。しかし交付税自体が三十兆円の赤字であるというのはご承知のとおりです。そのうちの二十六兆円は郵貯資金です。

しかも地方交付税特別会計が民間金融機関から借入れをする、地方交付税が銀行、民間金融機関から借入れをするということは交付税制度自身に対して民間金融機関の評価が入るということです。戦後今まで地方自治体を支えてきた地方行政や地方財政の制度が金融改革という大きな流れの中で変化をしていこうとしている。このことに対して議論をするためには、市場原理というものを踏まえていかないといけない。踏まえることがやはり市場に対して対抗する力を付けるということになる。

統制基準の見直し

次に「統制基準の見直し」の問題です。ここでいっている「統制基準」とは、従来の行政あるいは官民の関係を司っていた要因。もっと平たくいいますと人事制度と予算制度です。

これは行政に限られたことではなく、民間企業も、組織体の中で人事権と予算編成権を持ったところは強く常に組織の中核に位置する。組織の中核に位置するということは、そこに情報が集中する。しかも人事権と予算編成権がどのように組まれるかによって、その組織の文化が形成される。

この「統制基準の見直し」ができるか否かは極めて重要です。第三セクターが破綻をした理由も、「統制基準の見直し」が行われなかったということだと思います。

一九八〇年代中曽根内閣によって「民活」が進められた。この「民活」で第三セクターが導入される。第三セクターというのは官民共同でいろんなことをやりましょうというものです。ところがこの第三セクターが失敗に終わっている例が多い。事業を展開するところに官の今までの統制基準が導入されてしまったことにその原因のひとつがある。

組織改革

最後に「組織改革」です。

このＮＰＭという考え方は①「裁量権の拡大」から④「組織改革」の流れの中で行われるということです。

日本は④「組織改革」から入る。中央省庁再編もそうです。④「組織改革」から入って④「組織改革」で終わる。その他のところになかなかいかない。組織改革が行われたからといって人事制度も予算編成制度も変わらないわけです。

ですからよく「中央省庁再編が行われても、何も変わらない」と批判される地方分権も全く同じです。

図表１　ＮＰＭ理論の基本思考

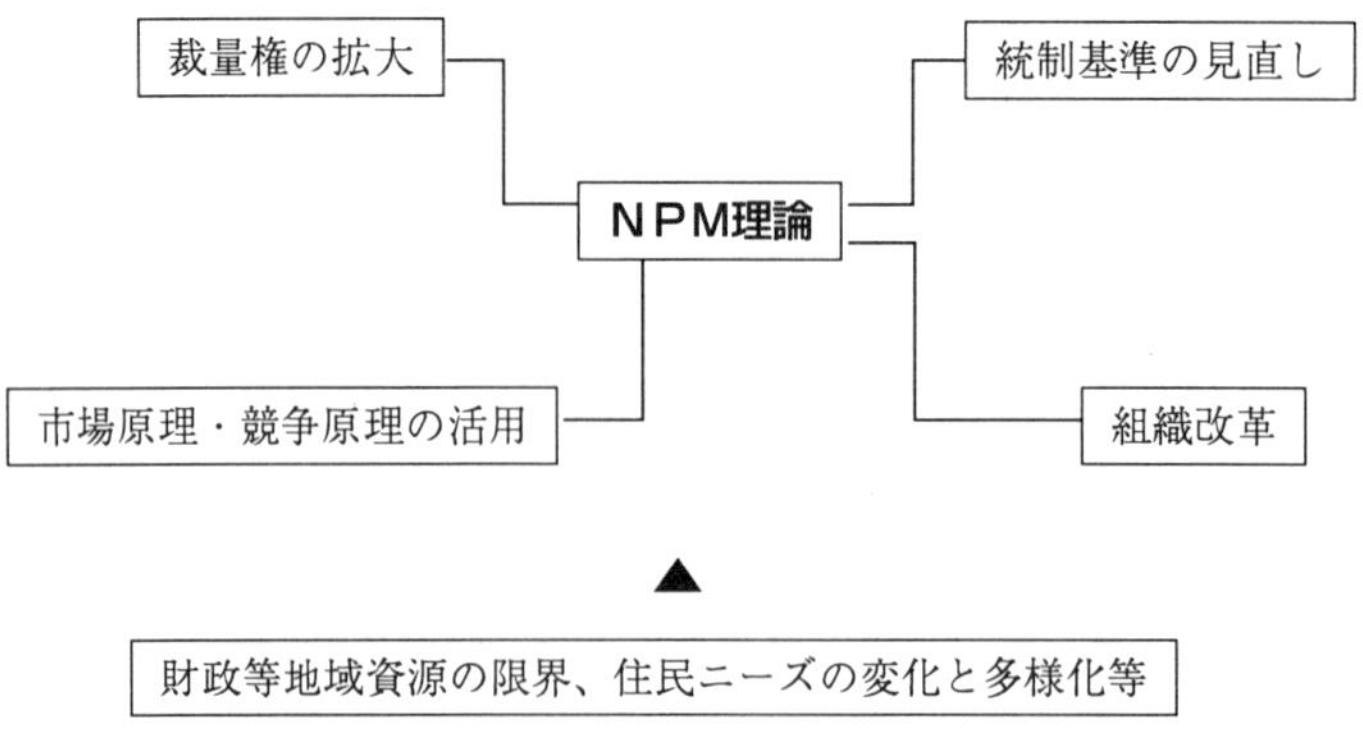

組織改革に伴って「人」と「金」を軸にした「統制基準」が変わらなければ、今までの組織文化は何も変わらない。

特に財政面からいきますと、この五年間は、中央集権が非常に強まって地方分権、地方の自立は実質的に低下をしている。

従って、この「裁量権の拡大」、「市場原理、競争原理の活用」、「統制基準の見直し」、「組織改革」の四つの軸は常に頭の中に入れて、いろんな制度の見直しを行っていかないと、単なる制度の組み替えというレベルで終わってしまうと思います。

内部管理としての公務員制度および会計制度からの脱却
―イタリアの例―

一つだけ例を挙げたいと思います。統制基準の大きな要素として挙げられる国・地方の組織の中における人事は内部管理の問題として取り上げられてきた。これは先進国においても共通した性格である。

イタリアは九〇年代初頭まで先進国の中で一番赤字が多く、財政赤字で非常に苦しんでいた。

【イタリアの例】

人事管理としての公務員制度、内部管理としての会計制度からの脱却

- **能力主義**
- **時間労働制**
- **契約制**

今は日本の方がはるかに赤字が多く、イタリアは急激に減ってきている。このイタリアではＮＰＭ理論が強い姿勢で実践されている。

この時に導入されました公務員制度は人事管理という考え方はとらなかったのです。いわゆる住民ニーズに応えるための人事制度というのは何かという軸で制度を考えていくというやり方をした。

そのことによってイタリアの場合には能力主義、時間労働制、契約制という三つの具体的な改革が行われた。

当時の首相が非常に強権的ともいえるやり方をして、この三つを導入した。年功序列とかはやめましょうという考えです。

たとえば時間労働制による効率化です。残業時間があると、残業時間の方に持っていって仕事をすればいいという認識が高まってきてしまうわけです。国の省庁の場合には夜中の二時、三時までずっと明かりがついている。夜になってから国会対策だとか、業界対策だということで働いて、明け方になってしまいます。

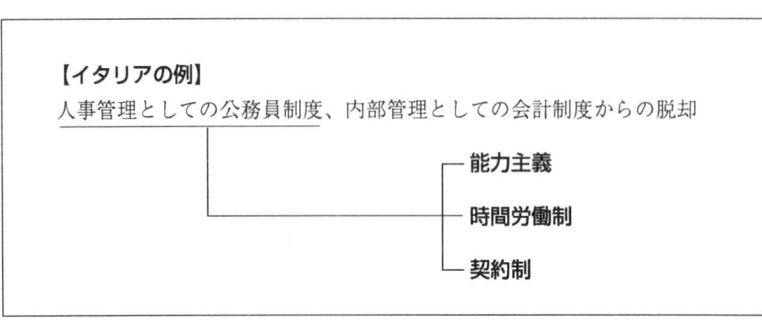

これは公務員個々人の問題というよりは、そういう働き方のシステムになってしまっているというところに問題があります。一人八時間で労働は止める。二十四時間サービス提供が必要なところは三交替制にする。そうすると八時間の中で一定の成果を上げなければいけない。しかも景気が悪かった自治体はワークシェアリング政策もひとつの選択肢となる。

それから「契約制」です。これはいろんな人材を導入する。全部が契約になるわけではないんですが、契約制を導入して民間人も入ってきてもらい、できるだけ住民ニーズに合わせる努力をする。

つまり、内部管理としての予算・会計制度から、住民に情報を提供するための予算・会計制度に脱却していくことが必要です。どうしても今までの行政は人事も予算も内部管理制度の視点が非常に強かったのです。しかし内部管理制度としての視点だけではもう限界がある。

これはいろいろご批判はあろうかと思いますが、例えば北海道庁で起こった今回の官製談合問題も、ある意味では道庁の人事管理制度・退職管理制度の問題です。これは組織管理的には正しいことをやっている面もある。組織内の人事管理という面でいけば、退職管理政策がなければどんどん人事がとどこおってしまう。これは道庁だけではなくて、国家公務員の全部退職管理制度。退職管理制度の中での人事管理制度になっている。それは必ずしも国民にとっていいことですかということが議論となる。

ですから人事管理制度の意味合いを変えていかなければいけないということになってきているんだと思います。

3　統制基準の見直し

インクレメンタリズム（増分主義）による意思決定の見直し

それでは人事制度、予算制度はどういう視点で見直していくのかといいますと、インクレメンタリズム（増分主義）つまり、右肩上がりを前提として成り立ってきた制度を見直していかなければいけませんし、そこに付随してきた意思決定の問題も見直していかなければいけない。

なぜ人事とか予算という問題が大きな影響力をもつのか。一つは意思決定の媒介要因が非常に大きくこの人事と予算というものに依存していたということです。

人事権・予算編成権にリンクしない政策・事務評価　―情報の集中と組織の硬直化

媒介要因というのは意思決定と意思決定を結び合わせる連結器の意味です。一つの組織体で意思決定を行う時に、その意思決定を結び付けるところに介在する要因は人事権と予算編成権です。人事権や予算編成権を持っているところは情報が集中します。情報が集中するところが意思決定に対して決定的な影響力を与えることになります。

皆様の自治体でも政策評価とか事業評価に取り組んでいると思います。道庁も政策評価をやっています。毎年、調書を書きます。大変だと思います。

なぜ書くことに対してインセンティブが持てないのか、それは評価制度が人事・予算制度とリンクしていないからです。評価担当者に情報がほとんど集まらない。予算をくれるところでもないし、人を配置してくれるところでもないのに積極的に情報を提供するわけにはいかないです。下手に提供すれば批判されるだけです。

結局、従来の統制基準にリンケージしていない評価システムを作っても、なかなか動かない。

ということはこの統制基準に連携し影響を与えるように評価制度を組み込んでいかなければ、調書を書く方にとっても緊張感が生まれてこないということだと思います。書いたことによって予算上の配分がプラスになるかもしれない、減るかもしれない。人事面に影響するかもしれない。そういうところを組み込んでいかなければ書く方あるいは各個人担当者、担当部局も積極的に評価に取り組んでいくインセンティブは起こってこないということです。

意思決定の属性　―多属性問題―

次は意思決定の属性・多属性の問題です。行政のもう一つの特徴です。民間企業が意思決定をする時の基準は簡単です。意思決定をする基準は「収益」です。収益が良くなるのか、悪くなるのか、それが最後の基準です。

ところが、公的部門ではそれだけでは整理しきれないわけです。しかも一つの軸に絞り込むことはできない。環境問題をやらなくてはいけない、若い人や高齢者にもいろいろしなくてはいけない、つまり意思決定の要因がたくさんあるわけです。この決める要因というのを属性と言います。この属性が多すぎて優先順位が付けられないというのが現状です。

もちろんリーダーシップをとってくれる首長がいらっしゃって、これだけやれば後はいいんだとしてくれればそれは別です。しかしそれは政治の問題であり民主主義の問題です。行政内部において自ら属性に優先順位をつけるというのは非常に難しい。そのことがいわゆる多属性の問題です。

事業評価を先進的に導入した自治体も多くあります。ところがこういう自治体で壁に直面している例も少なくない。自治体でやっている事業全部について評価を行う時、どんな画期的な新しい評価を入れても、評価をする物差しが変わっただけとなる。別の物差しを持ってくれば確かに全部の評価軸は変わる。しかし、物差しが変わっているだけですから結局、優先順位がつかない。そうするとその中では多属性の問題、つまり優先順位を決定する問題は解決されないわけです。

4　ＮＰＭ理論浸透の形態

そうなりますと、当然皆さんの頭の中に去来してくることがあるんです。「予算制度、人事制度はそう簡単にいじれないよ」という声です。

この統制基準を見直すには、かなりのエネルギーが必要になります。そのエネルギーは一体どこからでてくるのかということになります。そこで欧米の例を見ますと、欧米の場合は三つあります。

ニュージーランド・イギリス型　―国によるトップダウン―

ニュージーランドとイギリスの場合には国からのトップダウン型によって進められた傾向が非常に強いです。

ニュージーランドは行政改革の先進国ということで日本からも調査団がいっぱい行きました。ここの改革のやり方は国からのトップダウン方式です。サッチャー政権下のイギリスの場合もそうです。ブレア政権になってからは、地域主体のボトムアップ型への転換が図られています。

北欧型　―住民からのボトムアップ―

スエーデンは、ボトムアップ型です。地域から全体制度を変えていく。これは申し上げるまでもなく教区などを中心として自治が地域に非常に深く張ったところですから、そういう形が可能となる。

ＥＵＲＯ型　―超国家的アジェンダ―

これは特にイタリアの例ですが、イタリアは巨額の財政赤字を急激に減らしてきたわけですが、これはなぜできたかというと、超国家的なアジェンダがあったからです。簡単に言いますと欧州通貨統合の外圧です。

通貨統合において財政赤字三％という基準がありました。これをとにかくクリアしなければ欧州通貨統合に入れないという危機感があった。ですからリーダーシップをかなり強く発揮して実現したのがイタリアなんです。

日本での改革のエネルギーはどこから出てくるのか

ここで考えてみたいのは、日本の場合に「改革はしなくてはいけない」と言われていますが、それでは一体この三つの類型のどのエネルギーが働いているのかということです。これがよく分からない。国はいってますが本気でやってない。逆に中央集権型に戻ろうとしている。

それでは自治体はどうでしょうか。取り組まれているところも、そうでもないところもある。ただしスエーデンのように「地域から全体へ」となってでてきている状況にはない。

日本の場合を考えると、二一世紀に向けて変えていかなければいけないといった時に、変革のエネルギーは一体どこから出てくるのかという問題です。地域や国から出てくるというのはなかなか難しいと思うんです。これは時間がかかる話です。

しかし、イタリア型の超国家的アジェンダが今後エネルギーとして強くはたらいてくる可能性がある。そのアジェンダはマーケット・市場だと思います。特に国債がもし世界の市場でさらに信用力を落とした時には、日本の財政制度はかなり危機的になる。

今、日本には国際的な資金が入りずらい状況にあるということです。今年の春、株式市場から海外の資金は流出しました。ところが日本からは出ていなかった。株式に投入していたお金を回収して国債を中心とする日本の債券に移っていった。

どういう国債かというと、二年もの国債が中心です。ゼロ金利政策がタイミング悪く解除されれば一気に国債価格が下がります。市場に短期性資金だけが入っている。辛うじて資金繰りはついているというのが今の日本です。

あまりそういうことばかりいいたくないのですが、もし日本が信用力を自ら作ることなく、そうした局面を迎えたならば、改革に対しては超国家的なアジェンダになると思います。

改革プログラムがたくさんだと改革は進まない

今の日本には改革プログラムがたくさん並んでいるのはご承知の通りです。

選挙に対するマスコミの評価ですが、「選挙民は当面を選んだ」という表現がありました。改革はしなくてはいけないとは思っているけれども、ここ一年ぐらいの安泰というのを求めたという意味で書いてあります。

改革プログラムが国政ベースでたくさん並んでいますと、なぜ進まないかといいますと、二点理由があります。

一つは改革を行うべき行政側、政治側でエネルギーが分散されるということなんです。ですから中央省庁再編は最たるものだと思います。新省庁の次の事務次官は誰かということにエネルギーを投入している。それが決まると、次は各局長が誰かにエネルギーを投入する。当然、こうした組織改革へのエネルギー投入は他へのエネルギー投入を制約する。

もう一つは、政治的な利害関係を対立させてしまうことです。改革はこれまでの既得権を見直すということですから、当然改革プログラムがたくさんあれば利害関係が多発してしまうわけです。要するに何々族と何々族が対立し、その結果政治が連立政権になりやすいという状況になりやすい。

政治の利害関係が対立してくると改革プログラムはそれぞれの利害関係を調整していくプログラムになりやすい。改革プログラムはもう少しシンプルに絞り込んで、改革自体の優先順位は一体何なのかということを議論していかないと、なかなか進まないということになる。その状況というのは現状でも変わっていない。

ここからは、今までご紹介しました改革、見直しについて具体例を提示させていただきます。

5　北海道庁公共事業問題が示した課題

人事管理政策（内部統制の変革）

具体的な例として、北海道庁の公共事業の問題をみたいと思います。この問題は「統制基準」の面からいえば、あれだけの大きな組織体になりますと当然人事管理政策が必要になってきますし、退職管理も必要になってくるわけです。どうしても大きな組織体であれば「何々畑」というのができてしまうわけです。その「何々畑」単位で今までは人事が行われてきている。

ですから、人事部長が人事権を全部持っているのではない。「何々畑」のトップに実質的な人事権が持たれている。当然その結果出てきた問題が、天下りを引き受けてくれた企業に対して追加の事業費を配分して、引き受けてくれた職員の年齢によって金額を決めて実質的な給料補填を行う。

そういう民間もまき込んだ内部統制のし方を変えなくてはいけないのではないかというのが今回の問題なんです。

一般財源節約の限界

次に、公共事業関係で考えなければいけないことは、道庁の自主財源・一般財源ベースとの関係です。

「統制基準」というのはそう簡単に見直せませんから現実には予算額を絞る等、一般財源ベースで節約をする。ところが北海道の場合には、道が自ら節約しても国の予算が入ってくる。国の直轄事業が大量に入りそれに対する裏負担なり付随事業をしなければならない部分が大きい。このためいくら節約しても限界が来ます。いくらやっても国の方からどんどん入ってくれば、それに合わせて予算配分していかなければいけない。道庁自身でいくら予算を削減しようとしても限界がくるわけです。

道庁は自らのやれることの限界を明らかにすべきです。このままいくと、特に今年度予算からはっきり出てきてますが、道庁から市町村に対する補助金がかなり削減されてます。今までの上ずみ、横出しの部分がずっと減ってきている。結局今度は市町村財政の方に直接影響が出る段階に入っています。

要するにこれは道庁だけの問題ではなくて北海道全体の問題です。今の地方自治制度の中でいけば自立はできていないのだから責任能力の範囲は明らかにしないといけない。

北海道開発予算

二〇〇一年の一月六日には中央省庁再編になります。北海道開発庁は国土交通省北海道局になる。非常に厳しい位置づけになる。北海道局になった時の北海道開発予算が減少すれば現状のままでは負担分がどんどんふえていく。

地方分権の形を作りつつ国が影響力を強化する方法として補助金の補助率の引き下げが一番簡単です。補助金が一％でも入っていれば、中央集権を維持できる。財政の観点からみると、ここ五年ぐらい一番キツイ時です。この時期に北海道が主体的に行動できるのかという問題になってくるんだろうと思います。

景気回復で市町村の資金繰りは悪化する

ここで、市町村の財政がいかに苦しくなるかをご紹介します。福島県のある村の状況です。村ですから当然予算規模は数十億円程度です。そこで債務が四六億円。この債務の四六億円というのは工業団地です。ところが、この他に二五億円という住宅団地の赤字も抱えている。

要するに土地を造成して土地が売れるという前提で金融機関と契約をして返済をするということだったのです。県も自治省もこの工業団地開発の相談を受けた時は、あまりにも規模が大きすぎるということで、地方債発行にノーと言った。福島県全体で持っている工業団地よりも規模が大きい。最初の三年間程度はうまくいったんです。そのころは先進自治体だと脚光を浴びました。しかし、バブルが崩壊して売れなくなって、どんどん悪化した。加えて、首長の専決事項として実施している。

もう一つの問題は工業団地で四〇数億円の赤字が出てきて、当然金融機関には追加のお金が返せない。普通の企業だったらその時に事業を止めます。ところがこれは行政で起こりがちなことなんですが、資金が返せなくなると事業を拡大する。つまり自治体としての信用力を背景として事業を拡大すれば新しい資金が確保できるわけです。それでやったのが住宅団地の二五億円です。民間経営の一番重要なことは止めなければいけない時に止めるということですが、止める時に止められないのが今回の問題です。

II　企業ガバナンスの変化と地方自治体

1　金融システムの現況は

企業ガバナンスの変化と地方自治体ということですが、ここで少し周辺環境のことをご紹介したいと思います。今全国の都市銀行とか地方銀行ではリストラや再編が行われています。先程、地方銀行が地方債を引き受けることは難しいと言っているということもご報告をさせていただいたわけですが、今の金融システムはどういう状況になってきているのかをここでご覧いただきたい。

といいますのは、財政と金融は一体なんだということです。ですから金融で起こっていることは時間的な差はあっても必ず財政で起こる。今まではこれを遮断する仕組があったので、むしろ財政の都合によって金融を動かすことができた。しかし市場改革の中で財政が金融サイドの影響を非常に受けるようになった。

そこで、金融の実態を知らなければ、おそらく財政の資金繰りを確保することもできない。これは財政投融資制度でも同じなわけです。

全国銀行の「含み益」試算 ―リスク吸収の困難化―

よく日本の銀行は含み益経営をやってきたと言われています。安い株を引き受けて、それで株式市場が上昇したことによって「含み益」を持つ。その「含み益」で経営することです。

八〇年代においては傾向として「含み益」はどんどん増えていて、九一年のバブルが崩壊したあたりから徐々に「含み益」は減少している。ただ、バブルが崩壊した後の五年間もだいたい「含み益」が二〇兆円ぐらいはあったんです。

ところが九六年から金融機関再編が始まるわけです。そうすると「含み損」も合わせて把握をしていかなければならなくなって、含み損あるいは不良債権処理を通じて「含み益」をどんどんはきだしてきたわけです。その結果、これは推計なんですが九八年では「含み益」は四兆円強です。推計ですからこれは数値としては参考というイメージで聞いていただきたいのですが、九九年では二兆円しかなくなっている。ピーク時には七〇兆円、国家予算ぐらいあったのがもう二兆円ぐらいしか「含み益」がない。

これはある意味で言いますと、財政の都合によって金融側が資金を供給することはもうほぼできないということです。これが地銀協を中心として起こってきている地方債制度に対する議論の根拠のひとつになっている。地方自治体の全体の予算の額を考えていただければ、それは非常に微々たるものです。しかもこの二兆円強のところで自治体関係だけではなくて、今回ありました「そごう」とかいった事業会社の方の不良債権の処理もある程度やっていかなければいけなくなってきている。従って戦後の日本を支えてきた「含み益」経営は明らかに限界に来ている。

これはまだ国内だけの問題ですが、国内の問題のさらに外側に国際的な問題があって、国際市場からどう判断されるか、投資資金が流れを変えていくことによって「含み益」の持つ意味も非常に変動していく。額も変動するという局面を迎えているわけです。

地方自治体への貸付の歪みと国債運用の短期化

金融側からは国債の運用、あるいは地方自治体への貸付についての見直しが起こっている。国債運用については短期化です。2年未満のものに運用をしていく。二年未満に運用していくということは二年以上のものについては、どうなるか分からないという判断をしているということです。地方自治体への資金供給のねじれについては先程申し上げました。

ここで重要なことを一つ整理しておきます。従来の「統制基準」、もっと平たくいって行政の果たすべき役割をキチッと議論しておかないで、今までのものを抱え続けていこうとすると、政策の視点が管理的になってきます。資金調達は二年とか三年とかの資金調達しかできない。

そういう不安定な財政資金のもとで政策をやろうとすれば、政策の視野も短期化してくる。本来行政のやるべきことは短期的なことだけではなくて、長期的な視野に立ってなんかの政策を決めるということが非常に重要なことですが、その視野がうすれていく。皆様の仕事でもこれから総合計画とか長期計画とかを立てられるところ、あるいは今見直されているところもあると思います。中には今まで通りに作られているところもあると思うんですが、非常に苦悩されているところもあります。資金繰りのことも分からない。そうすると五年さきまで描くのは非常に難しい。そういう状況です。

やはり行政というのは環境変化にあまり影響されずに、特に地方分権の中で一定の地域の中で中・長期的に変わらず取り組まなければならない課題がある。そういったものをやっていこうとすればするほど短期的なものと長期的なものの見直しをしていかないといけない。短期的なものは絞って長期的なものも重点化していく。そういうことをしておかないと全部が短期化してしまう。

財政投融資制度でまさに今それをやろうとしている。新聞等で大蔵省の理財局が道路公団とか特殊法人の今後数十年にわたる補助金がいくらになるかを計算したものが出ている。あれは財政投融資の機能が果たすべき役割を長期的なものに絞り込んでいきたいというものです。というのは短期的なものまでやっていったら非常にコストがかかりますね。長期的なものに絞り込んでいくのであれば、領域を徹底的に小さくしていかないとやれないわけです。そのことをやっていきたいというのです。

地方交付税の三〇兆円の累積赤字のうち二五兆円前後は郵便貯金です。郵便貯金は財政投融資ですからそこも資金の性格が変われば大きな影響を受けます。財投の資金に依存している割合は地方財政の六、七割になっている。

財投資金というのは国民の貯蓄で、税金ではないですから行政からみると借金です。ですから交付税処置というのは財源の配分ではなくて借金配分となっている。地方分権も始まりますが、過去の赤字をどうするかという非常に大きな議論が最終的に参ります。

2 弱体化する日本企業のガバナンス構造

企業のガバナンス構造というものを見てみたいと思います。企業のカバナンス構造、統制基準とは何かを、もっと平たい言葉で言えば、企業の総資産への請求権です。つまり企業が倒産した時にその持っている資産に対して要求する権利を持っている人の優先順はどうなってますかということです。例えば倒産をして一〇〇億円くらいの資産が残り、その一〇〇億円の資産を企業の利害関係者に対してどういう優先順位で配分しますかということです。

日本の場合、商法等の法制度によって優先順位は一番が債権者、次に常勤の従業員、次が経営者、株主、パートの従業員、こういう順番になっています。ですから企業に対する請求権で優遇されているのは債権者と常勤の従業員であって、経営者や株主、あるいはパートタイムの方々は後順位に立っているという構造になっている。

もう一つご理解いただきたいのは、経営者と従業員の位置関係が非常に近いということです。従って今までの日本企業というのは、企業全体が厳しくなってきた時に、経営者と従業員の間で一緒に頑張りましょうという構造が作れなかった。それがあることもあって終身雇用で年功序列という構造だった。その一方で、株主というのは非常に冷遇されてきた。

日本の企業は一株あたりの利益が一〇〇円以上でも、株主に対する配当金が二円とか三円という企業がある。これはアメリカや他の国では許されない。少なくとも四割ぐらい一〇〇円で四〇円は配当される。

それでは欧米型の企業はどうか、一番優先順位が高いのは経営者です。次が債権者、株主、従業員ということです。特に最近強くなってきているのが株主です。ですから今すこしづつ順位が変わってきてまして、経営者と債権者の間に株主が入ってくる。

もう一つ重要なことは経営者と従業員の利害関係が対立しやすいんです。ですから経営者は常に自分の利益を先に確保しようとする。

このどちらがいいかというのは一概には言えない。といいますのは、一九八〇年代アメリカが非常に不況の時にはこの日本型経営が脚光を浴びたんです。アメリカ、欧米型の優先順位というのはもうこれからは成り立たないんだと、日本型がいいんだというのは世界的に言われた時代です。ところが現状は日本型の方が非常に効率が悪くて欧米型がいいんだということになっている。

ですからこれどちらがいいかということは一概には言えないのですが、今の国際市場の中では欧米型の方が決定的に影響力は大きいということになります。そうすると市場というものに対して対応するためにはまず経営者を重んじ、株主を重んじる欧米型の発想を理解しておく必要はあるわけです。

ベンチャー・ソフト産業の形成には

日本では今、ベンチャーとかソフト企業を育てましょうといわれています。しかしベンチャーを育てるのであれば日本型では難しい面が多い。要するにこれから残れるかどうか分からないようなところに投資家は投資する。しかも若い方でほとんど貯金をはたくか借金をしてやるわけです。その場合には経営者と株主が最優先で重要視されなければいけないということなんです。リスクをとった人にリターンがあるということです。そういった性格の資金を投入してあげなければベンチャーは育たない。経営者としてリスク持っているのに、利益が上がったら債権者と従業員に全部持って行かれるといったらベンチャーは難しい。彼らは地域政策としてベンチャーをやっているわけでも何でもないわけです。そうすると今までの資金投入のやり方も経営者と株主を重視する形でベンチャーを育てていってあげないといけない。もちろんある程度体力がついた段階では日本型にもっていってもいいかもしれない。

こういう企業を育てる産業政策の中においては企業の統制基準、あるいは企業の統制基準に基づく産業政策の性格付けを、経営者や株主に対してリターンが出ていくような形にしておかなければいけないということです。

「「含み益」は誰のものか」がよく議論がされるんですが、この「含み益」というのは銀行だけではなくて、事業法人にもたくさんありました。日本的な考え方では「含み益」の所有者は経営者です。ですから経営の中で「含み益」をはき出してもいいという考え方なのです。ところが欧米型の場合には「含み益」は株主のものという考え方です。

ここで整理をしたいのは、行政において政策展開の重視度、あるいは誰に対して利益をリターンするのか。この場合の利益は配当金という意味ではなく、政策による利益ということですが、このリターンの優先順位はどうなっていたのかということです。

地域では株主というのは住民です。債権者はだれか、従業員がだれか、経営者は誰かは、いろいろ考えていただきたい。誰が重視されるか、重視をするということはその人に対して情報開示をするということでもあるわけです。

日本では株主に対しても情報開示を従来ほとんどしてこなかった。つまりその根幹にはこういう日本型の優先順位があったからです。

「社内取締役」から「社外取締役」、「株の持合い」から「人の持合い」

――企業ガバナンス構造の変革

今まで日本の企業は、ずっと長年働いてきてくれた方の中から優秀な方を社内取締役としていきましょうという構造でした。自治体の中でもそういうところがある。しかし、もう一つはトップについては社外からはいる形もある。そうするとこれは明らかに統制基準というものを揺らすわけですね。他の方が入ってくるんで、社内的な統制基準に対していろいろと反応が出てくる。

そのことが非常に新鮮な形で出てくる。

それから「株の持ち合い」から「人の持ち合い」。人の持ち合いというのは、いくつかのところから人を持ってくるということです。

この中で申し上げたいことはポイズン・ピルという言葉です。これは何かというと、先程、市場原理からの防衛ということをお話ししましたが、企業においてもこのことは切実に求められていると思うんです。

一九八〇年代には米国の中で企業統合とか買収が非常に行われてきたわけです。ですからこの時代は逆にいいますとアメリカの企業の、市場に対する防衛力が非常に弱かった時代です。今はイギリスにおいて非常に活発化しています。ですからイギリスは市場に対する防衛力は弱いといわれて、今は一生懸命です。市場に直面することによって免疫が作られます。その免疫の一つの例がポイズン・ピルといわれている言葉です。

どういうものかというと、自分達の市場を拡大させるために、自分の系列やグループ以外の企業がほしいという場合、株式市場で膨大な資金を使って公開買い付けという事を行う。この企業を買収するから株を持っている人は売ってくれと宣言する。これが八〇年代に徹底的に行われております。

買収されている企業はどうするかという事ですが、この時に開発された制度がポイズン・ピルです。

相手方から公開買い付けをされた時にそれの毒を解毒させるためにどうするか、それは、相手方が公開買い付けを止めた時点で自分の株式を持っている人に対して市場価格よりも安い価格で新しい株を引き受けさせる権利を提供しますという事を宣言してしまう。そうすると売る人が減少します。

市場化への安全装置の構築

ここで何を申し上げたいかといいますと、

今日本の企業は非常に弱いです。今ちょっとよくなりましたが。皆さんも株式市場をみていただくと、一〇〇円台二〇〇円台で一株買えるところはざらにある。本気になって買収しようとしたら簡単ですよ。何億株だろうが買える。

それがある意味でいうと市場原理の利点であり欠点でもある。しかし買われてしまった以上はこれは拒否することができない。これは決して民間資本だけの問題ではないということです。形を変えることで必ず自治体の問題にもなる。

今から自治体の中で市場化への安定装置を構築していく。そのことが自主自立の上で最低限必要です。もちろん広域化をしていくとか、そういうことは必要でしょうが、一方で自治という観点から必ずしもトップダウン型での合併がいいかというと、そういうことではないと思います。しかしそれは嫌だといって精神論だけで成立する問題ではないというのもまた確かです。

したがってその体力をつけていくために今取り組まれているのが政策評価や公会計の見直しやＰＦＩのような取り組みなのだと考えていく必要がある。

III　政策評価と統制基準

1　媒介要因とのリンケイジ

政策評価とは、一度新しい軸で見直してみましょう。無駄はやめて、これから必要なことに集中して投資をしていくことを目指す取組みです。

もちろん政策評価自身が政策の優先順位を決めるわけではありません。これは最終的には民主主義の問題で決めるわけですから、その判断のためのよりよい情報を政策評価は提供するという性格のものです。

政策評価をいかに導入して個別事業ごとに見直しても、それを司ってきた統制基準、つまり金の流れや人の流れを見直さなければ、一過性のものに終わってしまう。現状においていろいろな自治体でそういう問題を起こしている。

評価制度を人事制度や予算制度と隔離した形で作っても、評価システムの中に情報というのは流れ込んできずらい。もちろんこれは自治体の規模にもよります。情報が評価システムの中に集まらないのであれば、評価を仮に下したとしても、間違った結果を与えてしまう。

そこで何をしなければいけないかといえば、評価システムに情報が集まるような工夫をしなければいけない。人事、予算システムとリンクさせることです。

ここで誤解を招くとまずいので補足させていただきます。完全にダブらせてしまうのはよくありません。完全にダブらせると元に戻りまして削減のための評価システム、個人の人事査定のための評価システムに戻ってしまう。本来の個人の査定とかは人事が、歳出削減は予算編成の中でやればいいんです。

2　高知県事業評価制度の特性

ここでは高知県の例を上げさせていただきます。高知県の評価制度は、去年、おととしと試行して、今年もう一回試行して、来年から本格実施という予定です。この仕組みは市町村でもある程度応用できる仕組みです。

全部の施策を評価対象にしない

最初から全部の施策を評価の対象にしないことをまず決めました。

その理由は評価システムを早く県政に定着させるために、できるだけ目に見える成果を早期に上げるためです。

「施策」から入らないで、「事業」から入る

しかも施策からは入りません。事業から入ります。

施策をどうグループ分けするかというのは非常に難しい。しかも道庁の場合にも起こりましたが、施策の中に道民が関心を持っている事業が埋め込まれてしまっている。そうするとその事業を認識しないで施策を評価してしまいますから、その施策がＯＫということになると個別事業をＯＫしたことになります。道民からの理解を得るために事業という単位を尊重しなければいけない。高知県の場合には規模も小さかったものですから、事業から入るというやり方です。まずこれがポイントです。

どういう事業にするかは、知事、副知事等のトップ五人で決めていただきます。決定プロセスも明らかにする。

高知県も圧倒的に交付税、補助金に依存しています。各部局から一定率、予算を召し上げます。その召し上げた部分を評価部分の方に持っていきます。

したがって前年度予算規模の多いところほど召し上げられる金額が多い。そしてこの召し上げ

た部分については通常の予算編成システムとは別枠で、評価システムを通じて予算編成を行うシステムを作る。

各担当部局に評価責任者をおき、その評価責任者は財政課出身者等をおきます。これでやった結果、評価に対する職員の熱意が決定的に違うんです。予算額が多いところほど召し上げられた予算を取り戻そうとして一生懸命なんです。評価制度の中で戻ってこなかったら予算が減ずる。旨く入ればもっと増えるかもしれない。

予算編成プロセスも全部公開します。ですから県民との間の情報共有も図ります。昨年一定の成果を上げました。

道庁でもこうしたやり方は採用していますが、道庁の場合には別枠予算を召し上げる形でやってないのです。全体の予算のうち確保できたものとは別に一定金額を別枠にしますというやり方をしていますから、シーリングがかかると全部減っていってしまうわけです。そうすると取り戻すというインセンティブは起こらない。

予算と人事と評価システムをリンクさせる

しかし、失敗した面もあります。別枠のところで要求した予算は一般の予算編成の方では予算要求することができませんというやり方をした。

このため重要な施策がほとんど評価の方に上がってこなかった。

そこで今回はこれを止めました。重要施策の一定のものは評価システムの中には必ず要望してくれるんです。ただし、そこで残らなくても一般予算編成の方で要求しても構わない。

そのような形で予算と人事と評価システムをリンクさせる。

このように高知県の評価基準はまだ完全ではない。一番大きいデメリットは職員の全員が評価システムを経験するには、おそらく七、八年かかります。そうすると職員の方々の中で評価システムに対して認識をしていない方、関心を持たない方が七、八年は最後まで残るということになるます。これは欠点です。

北海道庁の場合には全員が経験しています。ですから批判もあれば賛成もありますがどちらに対するにしても評価とは何かということは一応は経験されているんです。これは非常に重要なインフラだと思います。

Ⅳ　ＰＦＩ契約にみる官民連携の法律問題

ＰＦＩとは、民間資金による社会インフラ整備ということです。

ＰＦＩは公共事業です。民間事業ではありません。一〇〇%民間で行えるのであれば、公共事業の民営化となります。しかし、ＰＦＩの場合は、公共事業ですから何らかの公共サービスが提供される必要があります。ただし、そのサービス提供のための施設等について民間の資金とノウハウで行うことを基本とします。

また、ＰＦＩは欧米においてＮＰＭ理論に根拠づけられる取り組みであり、行革の手段として位置づけられます。ですから行革を考えないでＰＦＩを導入しても失敗します。

1　東京都金町浄水場の事業概要

先行のＰＦＩ事業は契約段階に対して実行段階に入っています。

東京都の金町浄水場は今まで浄水場を動かすための電力を東京電力から買っていたわけですが、自前で発電所を作って、賄うことを考えたわけです。今までの公共事業型でいえば、東京都水道局がどこかのプラント会社と請負契約を結んで、発電機を金町浄水場に作ってもらって、その所有権を東京都に移す。できた後には運転について業務委託契約を結ぶ方式で行います。これが従来の公共事業のやり方だったと思います。

2　意外な法律問題

長期供給契約と長期債務負担行為の担保力

この金町浄水場の件では、民間企業の構成は、清水建設、石川島播磨、電源開発の三社が出資して構成しています。ですから公的資金は一切企業には入っていません。この出資者が作った企業と東京都はどういう契約をするかというと、電気の供給契約を結ぶだけです。

ＳＰＣを組んだ民間企業者は銀行から必要なお金を借りるわけです。この民間企業は建設会社とか管理会社とか保険会社と契約する。これによって金町浄水場の中に民間施設である発電所を作って、金町浄水場に対して電気と水を供給する。

金町浄水場の視点に立てば、自分で発電機を作って自分で管理をして、電気、熱を自分のところに供給するのと、民間企業体に作ってもらってそこから電気や熱を供給してもらうのとは電気や熱を得るということについては同じなんです。今まで「請負契約」でやってた部分は「供給契約」になる。これは地方自治法の長期継続契約なんです。

もう一つ違うところは、同じ公共事業なんですが、民間資金によるわけです。従って東京都はこの発電所を造るために一円も資金調達をしていません。民間事業から電気の供給を受けたことに対する対価は支払います。こういう仕組みの是非はいろいろあると思います。いろいろ議論をしなければいけないところはあるのですが、ここで議論の目的としたいのは、今までの行政の「統制基準」を見直さないとできないということです。

まず第一に、債務負担行為の問題です。

債務負担行為というのは「将来にわたってその自治体が債務を負ってもいいですか」というのを議会に図って、議会が「いいですよ」というと、民間企業に対して将来何年間かにわたっての債務を自動的に負うことができる。

民間企業にとってみると地方自治体が債務負担行為をとることはどれだけ民間企業にとってメリットがあるかということです。つまり東京都に債務負担行為を議決してもらうことによって自分達が供給した電気・熱に対する代金の回収がどれだけ担保されるかということです。

自治省側の見解は債務負担行為をとっていれば、代金は間違いなく支払われますという見解なんです。民間側はかならずしもそのようには考えていません。

債務負担行為をとっても、代金の支払いは確実にならないと考えます。

行政財産問題

もう一つは財産問題です。民間企業が発電所にジャンボ機のジェットエンジンを持ってきて二つ据え置いて発電させるというやり方です。金町浄水場の施設は東京都の所有です。要するに役所の建物の上にジェットエンジンを乗せて、そこで電気を発生させる。これも行政の方はお分かりいただけると思うんですが、役所の建物ですのでこれは行政財産というものになります。自治法上、行政財産の上に私権は設定してはいけないということになってます。エンジンを回して、二〇年間電気を供給してもらって二〇年後にこれを原状回復してもらうという契約をしています。この間、二〇年間毎年一年ごとの短期の賃貸契約を結んでいる。

ところが、そこまではよかったのですが、これに対して民間金融機関からクレームがついた。これではお金は貸せないと。あるいは貸すとしてももっと高い金利が必要だという考えです。

その理由は以下の通りです。

この財産は他の私有地を通らないと公道に行けない、普通民間だと回りの人の土地の一番損害の少ないところを通りなさいという通行権ができます。ところが行政では私権は否定されて通行権を設定できない。そうしたら、もしもこの事業が破綻した時にこのジェットエンジンをどうやって担保として差し押さえたらいいのだろうと考えます。

調べてみたら国有財産法というのは戦後ほとんど改正していないんです。財産を活用するための法律ではなくて管理するための法律です。そのことが国民の貴重な資金で作ったこういう資産というものの活用を限定しているという面があります。

リスク分担

あと二点だけ説明します。民間事業体から「地震、震災があった時のリスクは東京都が負うことになりますか」という質問がありました。しかし、必ずしも官が負うとは限りません。

浄水場の場合、震災時等でもエネルギーを民間が供給することが求められており、一律に官が全ての負担を負うものとはなっていません。

公会計情報の公開

ここで「公会計の見直し」について簡単に触れさせていただきます。貸借対照表を作るというのが一つの挑戦ではありますが、貸借対照表を作ることによってだけでは何も変わらないと思います。ただ従来のストック情報、つまり従来の政策によって蓄積されてきたいろんな資産がどういう状況になっているのかというのは分かります。

これからの自治体にとって最大の問題は、この過去の政策によって蓄積された投資資産というものが大きく変動するということだと思います。その一つは職員の退職がピーク時にくるということ。社会資本の更新時がやってきているということ。そういう中で借金を返す額もピークになってくるということです。

ですからこういった問題をどうやって乗り越えていくのかが非常に大きなテーマになってくると思います。

東京23区の税源は住民税でほとんど支えられています。そうすると、今までは東京都民の所得が上がって住民税がどんどん上がってくるという構造にありました。ところが今後その方々が退職して所得が減る、そうすると住民税が落ちる。一方で高齢化対策は必要になってくる。

そういう中で今回の地域間の緊張関係の高まりが起こってきている。ですからそういった中でいかに住民に直接説明をしていくのかという問題になってくる。その中で公会計による財政情報の開示というのは非常に重要だと思います。これは単に住民に対するものだけではなくて、おそらく市場に対するものという事によっても非常に重要だと思います。

Ⅴ　日本経済動向

1　景気対策か財政再建か

これからの一〇年間でそういうストック問題に直面をして、その中で統制基準を見直さなければいけないということになる。

統制基準というのはそう簡単には見直せませんが、今まで申し上げたようなことを積み上げることによってかなりできるはずです。またよく「景気対策か財政再建か」ということがいわれると思うんです。今回も国政選挙の中でも大きなテーマが掲げられています。

この「景気対策か財政再建か」という議論は、国政レベルにおいてはもう少し慎重に議論していただきたいと思います。といいますのは、補助金とか政策誘導型になった交付税の質を変えていただければもっと活用の仕方は広がると思うんです。補助金やそういうものについて紐付きといわないまでも、いろいろな運用上の制約がある。あるいは交付税といっても実際上は地方債とかそういうものによって政策誘導型になっていく。それによって非常に過剰コストになっていたりしている部分というのはたくさんあるわけです。

しかも、東京都、あるいは大都市圏の税金が地方に投入されていると言いますが、一方通行であることは有り得ないわけです。北海道に投入されたものは当然民間セクターの仕組みを通じて東京に戻ってきている。あるいは公共事業の事業費の仕組みでもそうなんです。こういう大循環の中で起こっている問題であるということだと思います。

量の議論ではなくて質の議論です。公共事業費の質を変える。使い方をもっと地方に任せるというやり方をすれば、仮に金額を減らしたとしてもある程度の政策効果を打ち出すことができる。しかも例えば交付税処置について統合補助金にできないのであれば、アメリカの連邦政府でやっているように、交付税額について例えば現金で配分するのではなくて、国税を免除できる権限を地方自治体に提供するというやり方も一案だと思います。

2　経済政策転換への議論

二〇〇二年度の本格的政策転換がカギ

二〇〇二年というのが本格的な政策転換の時期だと思います。

二〇〇二年度以降行財政において大きな転換が生じてくる可能性はある。それは現状、特別会計の見直しについてはこの七月から開始して来年の三月に結論を得る方向で取り組んでいく。来年の三月に結論を得るということはもう当然二〇〇一年度の財政には間に合わないわけです。二〇〇一年四月から実質的にスタートする国の予算編成では、特別会計制度を含めた見直しというのは二〇〇二年度です。

しかも政治側の問題としましては、二〇〇一年度の参議院の通常選挙で国政選挙が行われますから、大きな財政上の改革についてはなかなか踏み込めない。しかも二〇〇一年一月六日に省庁統合がありますから、省庁統合が終わってからじゃないと制度改革の具体化というのは難しい。

ゼロ金利政策解除の困難性

もう一つ大きいのはゼロ金利政策解除の問題。今回まさにゼロ金利政策の解除は先送りとされました。

ご承知のように日本銀行はゼロ金利政策を解除したかった。といいますのは景気はよくなってきているという数字が幾つも出ました。経済企画庁は政治的な思惑があるかどうか知りませんが底入れ宣言をしたわけです。

そういうことになってくるとゼロ金利政策を解除するべき条件は政治以外ではほとんどそろっているんです。従って政治的要因がなければ六月段階でゼロ金利政策は解除しておかないと、二〇〇二年三月に本格導入される企業決算に対する時価会計の導入というのに間に合わない。

時価というのは、決算をやる時に大きく分けると時価評価と取得原価の二つあります。これからは時価を中心としていくことになります。そうしますと今のうちにゼロ金利政策をすこしづつ解除しておいて、国債を含めた債券価格をソフトランディングさせたあとで「時価会計」に持っていかないと、企業会計の決算が困難となります。

今のところ、ゼロ金利政策解除ははっきりしませんが、時期が決算期に迫れば迫るほどゼロ金利政策を解除することは難しくなる。これは民間企業だけの問題ではない。国や地方自治体が資金調達する時の金利もこれによって大きく影響を受けるわけです。

統制規制

さらに統制規制という問題ですが、今までの統制基準でいきますと確かに長期的視野というところでは利点になった面もありますが、一方で環境変化に対応には非常に弱いという問題があったと思います。皆さんも政策のラグというのはご存じだと思うんです。まず環境変化が起こったことを認識するのに時間がかかった。それからその環境変化が起こったことを認識して政策を汲み上げる意思決定に対してラグがあった。それから議会を開いて政策を決定するのにラグがあった。政策を実施するのにラグがあった。これだけのラグを積み上げていくと、とてもこれまでの右肩上がりと違う環境変化の中では対応することが非常に難しいんです。

短期的に対応が必要なところは民間側に任せて、官が直接やらない。中長期的に必要なところだけは官が直接やるという住み分けもまた必要だと思います。

具体的にいうとある県はＰＦＩを行政サービスの面で入れたい。行政サービスといっても住民側との関係だけではなくて、役所の内部の管理のために入れたい。

たとえば、県として一年間の出張費をＪＴＢとか近ツリとかに入札させる。もちろん県が一年間にどれだけ出張にいっているかというのは実績で出るんです。その実績をベースにしてどのぐらいいるかをやります。

また、別のところでは出納事務から会計事務全部、役所内で現金を扱っているというのはほとんどないわけですから、出納事務を銀行に任せる、そうした取り組みは統制基準を見直してみるとそのくらいのことは幾らでもできるのかもしれないということです。

おわりに

最後に経済情勢というのは、おそらく構造改革が進まない中でじりじりと回復なり、悪化を繰り返していくでしょう。ただ財政についてはこの十年間は非常に厳しい。国、地方自治体を問わずそうです。しかも金融改革はこの五年間ぐらいで急激に進みます。

従って、そうしたことに対応するためにぜひ「統制基準」、あるいは「市場原理、競争原理の活用」の本当の意味は何なのかということを常に問い掛けながらこれからの地方自治体のあり方を考えていくことが必要なのではないかと思っております。

（本稿は、二〇〇〇年七月一日、北海道大学法学部八番教室で開催された地方自治土曜講座での講義記録に一部補筆したものです。）

著者紹介

宮脇　淳（みやわき・あつし）

一九五六年生まれ。

北海道大学大学院法学研究科教授。

日本大学法学部卒業。参議院事務局、経済企画庁物価局物価調査課、参議院予算委員会調査室、株式会社日本総合研究所主任研究員、北海道大学法学部教授、二〇〇〇年四月から現職。

主な著書に『財政投融資の改革』（東洋経済新報社）、『財政システム改革』（共著、日本経済新聞社）、『図説　財政のしくみ』（東洋経済新報社）、『行政財政改革の逆機能』（東洋経済新報社）、『公共経営の創造』（ＰＨＰ）など。

刊行のことば

「時代の転換期には学習熱が大いに高まる」といわれています。今から百年前、自由民権運動の時代、福島県の石陽館など全国各地にいわゆる学習結社がつくられ、国会開設運動へと向かう時代の大きな流れを形成しました。学習を通じて若者が既成のものの考え方やパラダイムを疑い、革新することで時代の転換が進んだのです。

そして今、全国各地の地域、自治体で、心の奥深いところから、何か勉強しなければならない、勉強する必要があるという意識が高まってきています。

北海道の百八十の町村、過疎が非常に進行していく町村の方々が、とかく絶望的になりがちな中で、自分たちの未来を見据えて、自分たちの町をどうつくり上げていくかを学ぼうと、この「地方自治土曜講座」を企画いたしました。

この講座は、当初の予想を大幅に超える三百数十名の自治体職員等が参加するという、学習への熱気の中で開かれています。この企画が自治体職員の心にこだまし、これだけの参加になった。これは、事件ではないか、時代の大きな改革の兆しが現実となりはじめた象徴的な出来事ではないかと思われます。

現在の日本国憲法は、自治体をローカル・ガバメントと規定しています。しかし、この五十年間、明治の時代と同じように行政システムや財政の流れは、中央に権力、権限を集中し、都道府県を通じて地方を支配、指導するという流れが続いておりました。まさに「憲法は変われど、行政の流れ変わらず」でした。しかし、今、時代は大きく転換しつつあります。そして時代転換を支える新しい理論、新しい「政府」概念、従来の中央、地方に替わる新しい政府間関係理論の構築が求められています。

この講座は知識を講師から習得する場ではありません。ものの見方、考え方を自分なりに受け止めてもらう。そして是非、自分自身で地域再生の自治体理論を獲得していただく、そのような機会になれば大変有り難いと思っています。

「地方自治土曜講座」実行委員長
北海道大学法学部教授　森　啓

（一九九五年六月三日「地方自治土曜講座」開講挨拶より）

地方自治土曜講座ブックレットNo. 62

機能重視型政策の分析過程と財務情報

2000年10月5日　初版発行　　定価（本体800円+税）

著　者　　宮脇　淳

企　画　　北海道町村会企画調査部

発行人　　武内　英晴

発行所　　公人の友社

〒112-0002　東京都文京区小石川5－26－8

TEL 03－3811－5701

FAX 03－3811－5795

振替　00140－9－37773

「地方自治土曜講座ブックレット」（平成７年度～11年度）

	書名	著者	本体価格
	《平成7年度》		
1	現代自治の条件と課題	神原　勝	九〇〇円
2	自治体の政策研究	森　啓	六〇〇円
3	現代政治と地方分権	山口　二郎	（品切れ）
4	行政手続と市民参加	畠山　武道	（品切れ）
5	成熟型社会の地方自治像	間島　正秀	五〇〇円
6	自治体法務とは何か	木佐　茂男	六〇〇円
7	自治と参加　アメリカの事例から	佐藤　克廣	（品切れ）
8	政策開発の現場から	小林　勝彦 大石　和也 川村　喜芳	（品切れ）
	《平成8年度》		
9	まちづくり・国づくり	五十嵐広三 西尾　六七	五〇〇円
10	自治体デモクラシーと政策形成	山口　二郎	五〇〇円
11	自治体理論とは何か	森　啓	六〇〇円
12	池田サマーセミナーから	間島　正秀 福士　明 田口　晃	五〇〇円
13	憲法と地方自治	中村　睦男 佐藤　克廣	五〇〇円
14	まちづくりの現場から	斎藤　外一 宮嶋　望	五〇〇円
15	環境問題と当事者	畠山　武道 相内　俊一	五〇〇円
16	情報化時代とまちづくり	千葉　純 笹谷　幸一	（品切れ）
17	市民自治の制度開発	神原　勝	五〇〇円
	《平成9年度》		
18	行政の文化化	森　啓	六〇〇円
19	政策法学と条例	阿倍　泰隆	六〇〇円
20	政策法務と自治体	岡田　行雄	六〇〇円
21	分権時代の自治体経営	北　良治 佐藤　克廣 大久保尚孝	六〇〇円
22	地方分権推進委員会勧告とこれからの地方自治	西尾　勝	五〇〇円
23	産業廃棄物と法	畠山　武道	六〇〇円
25	自治体の施策原価と事業別予算	小口　進一	六〇〇円
26	地方分権と地方財政	横山　純一	六〇〇円
27	比較してみる地方自治	田口　晃 山口　二郎	六〇〇円

「地方自治土曜講座ブックレット」（平成７年度～11年度）

	書名	著者	本体価格
	《平成10年度》		
28	議会改革とまちづくり	森　啓	四〇〇円
29	自治の課題とこれから	逢坂　誠二	四〇〇円
30	内発的発展による地域産業の振興	保母　武彦	六〇〇円
31	地域の産業をどう育てるか	金井　一頼	六〇〇円
32	金融改革と地方自治体	宮脇　淳	六〇〇円
33	ローカルデモクラシーの統治能力	山口　二郎	四〇〇円
34	政策立案過程への「戦略計画」手法の導入	佐藤　克廣	五〇〇円
35	’98サマーセミナーから「変革の時」の自治を考える	神原　昭子 磯田　憲一 大和田建太郎	六〇〇円
36	地方自治のシステム改革	辻山　幸宣	四〇〇円
37	分権時代の政策法務	礒崎　初仁	六〇〇円
38	地方分権と法解釈の自治	兼子　仁	四〇〇円
39	市民的自治思想の基礎	今井　弘道	[未刊]
40	自治基本条例への展望	辻道　雅宣	五〇〇円
41	少子高齢社会と自治体の福祉法務	加藤　良重	四〇〇円
	《平成11年度》		
42	改革の主体は現場にあり	山田孝夫	九〇〇円
43	自治と分権の政治学	鳴海正泰	一、一〇〇円
44	公共政策と住民参加	宮本憲一	一、一〇〇円
45	農業を基軸としたまちづくり	小林康雄	八〇〇円
46	これからの北海道農業とまちづくり	篠田久雄	八〇〇円
47	自治の中に自治を求めて	佐藤　守	一、〇〇〇円
48	介護保険は何を変えるのか	池田省三	一、一〇〇円
49	介護保険と広域連合	大西幸雄	一、〇〇〇円
50	自治体職員の政策水準	森　啓	一、一〇〇円
51	分権型社会と条例づくり	篠原　一	一、〇〇〇円
52	自治体における政策評価の課題	佐藤克廣	一、〇〇〇円
53	小さな町の議員と自治体	室崎正之	九〇〇円
54	地方自治を実現するために法が果たすべきこと	木佐茂男	[未刊]
55	改正地方自治法とアカウンタビリティ	鈴木庸夫	一、二〇〇円
56	財政運営と公会計制度	宮脇　淳	一、一〇〇円
57	自治体職員の意識改革を如何にして進めるか	林　嘉男	一、〇〇〇円
58	道政改革の検証	神原　勝	[未刊]